Gente
editora

Amigo leitor,

Queremos saber sua opinião sobre nossos livros.
Após sua leitura, acesse nosso *site* (www.editoragente.com.br),
cadastre-se e contribua com sugestões, críticas ou elogios!

Boa leitura!

Anderson Cavalcante e Simone Paulino

Minha Mãe, Meu Mundo

Gente editora

Editora
Rosely M. Boschini

Coordenação editorial
Fernando Fernandes

Assistência editorial
Rosângela Barbosa

Coordenação de produção
André Medella

Capa, projeto e produção gráfica
Eduardo Profeta

Fotos de miolo
Dreamstime.com
Getty Images
Purestockx / Keystone

Rua Pedro Soares de Almeida, 114, São Paulo, SP, Brasil.

CEP 05029-030, telefone: +55 11 3670-2500

Site: http://www.editoragente.com.br

E-mail: gente@editoragente.com.br

Dados Internacionais de Catalogação na Publicação (CIP)
(Câmara Brasileira do Livro, SP, Brasil)

Cavalcante, Anderson
Minha mãe, meu mundo / Anderson Cavalcante e Simone Paulino . -- São Paulo : Editora Gente, 2008.

ISBN 978-85-7312-595-5

1. Amor materno 2. Família - Aspectos psicológicos 3. Mães - Psicologia 4. Mães e filhos I. Paulino, Simone. II. Título.

08-01998 CDD-158.24

Índices para catálogo sistemático:
1. Filhos e mãe : Relações familiares : Psicologia aplicada 158.24
2. Mães e filhos : Relações familiares : Psicologia aplicada 158.24

Dedicatória

À minha
mãe TONINHA,
que me deu a **vida** e me
fez ser quem eu sou.

Anderson Cavalcante

À minha **mãe ALICE**,
que me **gerou** e me **nutriu**.
E à minha **"mãe" ALBA**,
que **educou meu espírito**.

Simone Paulino

Agradecimentos

A Deus por nos dar a oportunidade de semear pelo mundo essas mensagens de amor.

A todas as mães que inspiraram a escrita deste livro.

A todos os filhos que reconhecem o valor das mães que têm.

A toda a equipe da Editora Gente, que ajudou a concretizar este sonho, em especial a André Medella, Cláudia Rondelli, Diogo Guimarães, Eduardo Profeta, Fernando Fernandes, Marisa Mariano e Thais Alves.

Introdução

Se você algum dia teve a experiência de olhar para sua Mãe e sentir um nó na garganta, num misto de amor e gratidão, mas não encontrou as palavras para dar a dimensão do amor que sentia, certamente vai achar neste livro a sua voz.

Escrevemos *Minha Mãe, Meu Mundo* pensando em você, em tudo o que você tantas vezes quis dizer e expressar para sua mãe, mas não encontrou o jeito e o momento propício para simplesmente... falar.

A vida da gente está a cada dia mais corrida. Por causa disso, quase sempre estamos em falta com alguém: as pessoas que não vemos há tempos, o telefonema que não conseguimos retornar, o café que prometemos tomar com aquele amigo e vai deslizando no limbo da agenda de uma semana para outra, e tantas outras coisas... Só que, no fim das contas, dá tudo certo. "Afinal, os outros também estão na correria e vão entender."

Mas Mãe... Mãe não dá para deixar para depois por uma razão muito simples. Ela, durante toda a vida, nos colocou em primeiro lugar. Fomos e sempre seremos sua eterna prioridade. Mesmo que você já tenha crescido. Duvida?

Experimente surpreendê-la com uma visita inesperada no meio da semana. Ela é capaz de deixar o jantar queimar de tanta alegria, esquecer da novelinha das seis que lhe faz companhia nos melancólicos fins de tarde cotidianos ou desmarcar imediatamente qualquer eventual compromisso com a melhor amiga só para ficar uma horinha com você.

O objetivo deste livro é dar a você uma oportunidade de declarar com todas as letras – e imagens inspiradoras – o amor que você sente por aquela que lhe deu a vida, nutriu, amparou e amou mais do que qualquer outra coisa.

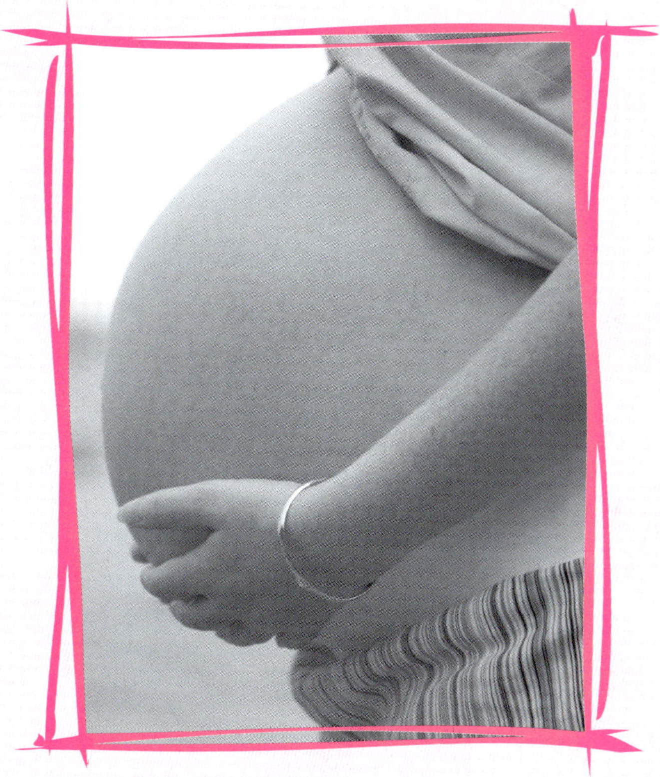

De repente, de um lugar bem
QUENTINHO e
CONFORTÁVEL,
eu nasci.

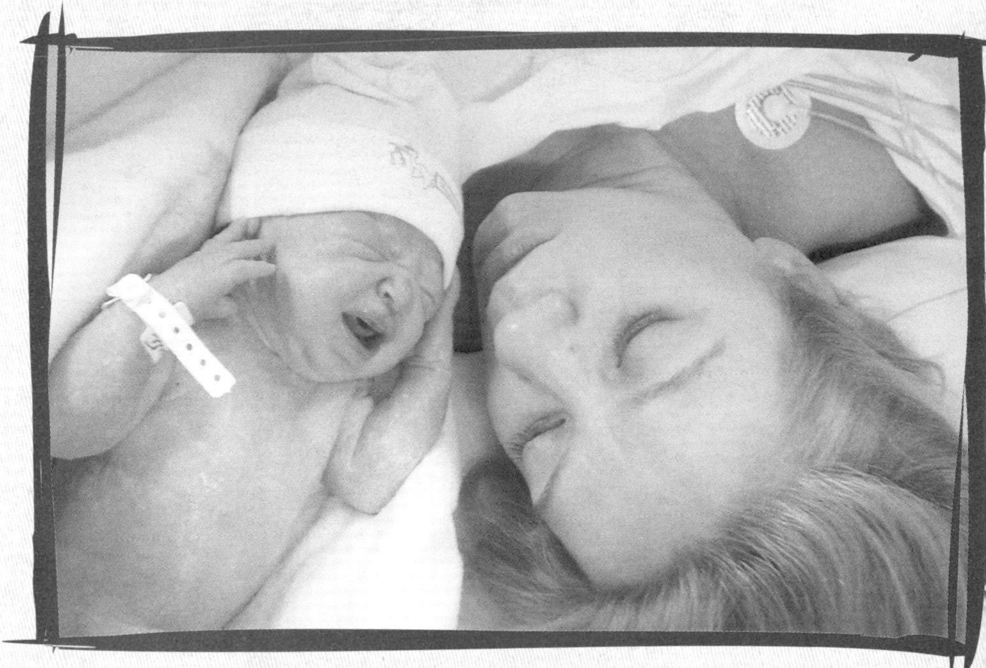

Você me trouxe ao **mundo**
e me deu o **bem mais**
precioso de todos:
MINHA VIDA.

Quando cheguei **aqui,**
RECEBI de **você**
TUDO de que eu **precisava.**

O **toque** da sua **mão** sobre o meu
CORPINHO FRÁGIL
e precisando de **calor.**

A **benção** da

LUZ DOS SEUS OLHOS

pousados **sobre mim.**

Seu **AMPARO**
essencial para **aplacar**
minha angústia de
estar no **mundo.**

Sua fala **doce** e **sonora**
dando **SENTIDO**
ao **CAOS que me rodeava.**

Que **paz** e que **calma**
me traziam as **eternas**
idas e vindas da sua
PRESENÇA CONFORTADORA!

A **sutileza** dos seus
passos leves e seu **olhar atento**
a **EMBALAR** meu **SONO**
nos primeiros dias da **minha vida.**

Só você, **Mãe**, foi capaz de

COMPREENDER

meu choro quando

eu ainda não **conhecia** as **PALAVRAS**.

Se eu pudesse
recompensar um pouquinho
as **inumeráveis** NOITES EM CLARO
que **você** passou...

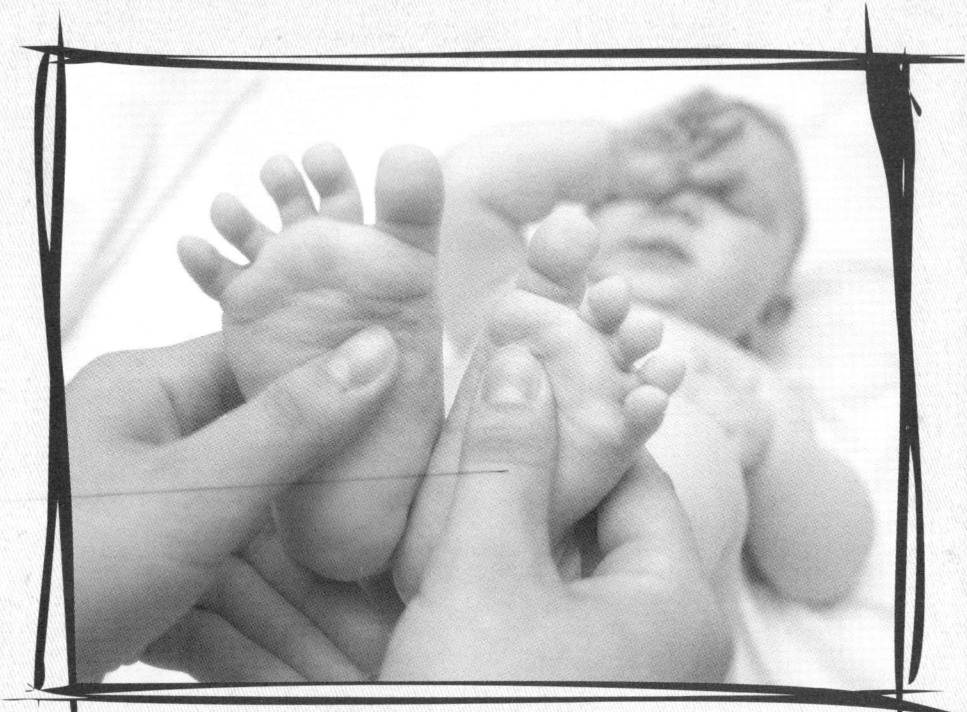

Toda a **DEDICAÇÃO**

nos dias consumidos entre **fraldas,**

banhos e **massagens** para

minimizar minhas crises de cólica.

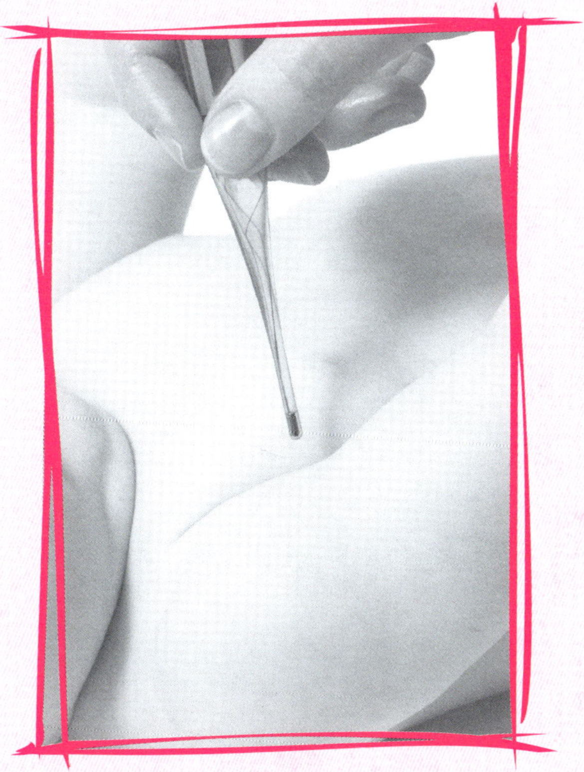

A **paciência** e a **constância**
do seu **AMOR DESMEDIDO**
nas mãos **sempre prontas** para
lutar contra as doenças tão comuns...

Sei que nessas horas **um único**
SORRISO meu era
suficiente para revigorar
suas **ENERGIAS** e alegrar sua **alma**.

Mas **hoje** eu queria
achar uma forma de
AGRADECER à altura
TUDO o que **você** fez por mim.

Só não sei **ao certo**
como achar as
PALAVRAS.

E mesmo que fosse
craque em números,
eu me perderia na
ARITMÉTICA desse **amor**...

Que **MULTIPLICA FORÇAS**
para atender **minhas urgências,**
mesmo **no auge** da exaustão.

DIVIDE sua **ATENÇÃO**
sem deixar que nada **escape**
ao seu **coração amoroso**.

SUBTRAI meus **MEDOS**
inspirando-me **confiança**
com um **simples olhar**
ou **abraço** acolhedor.

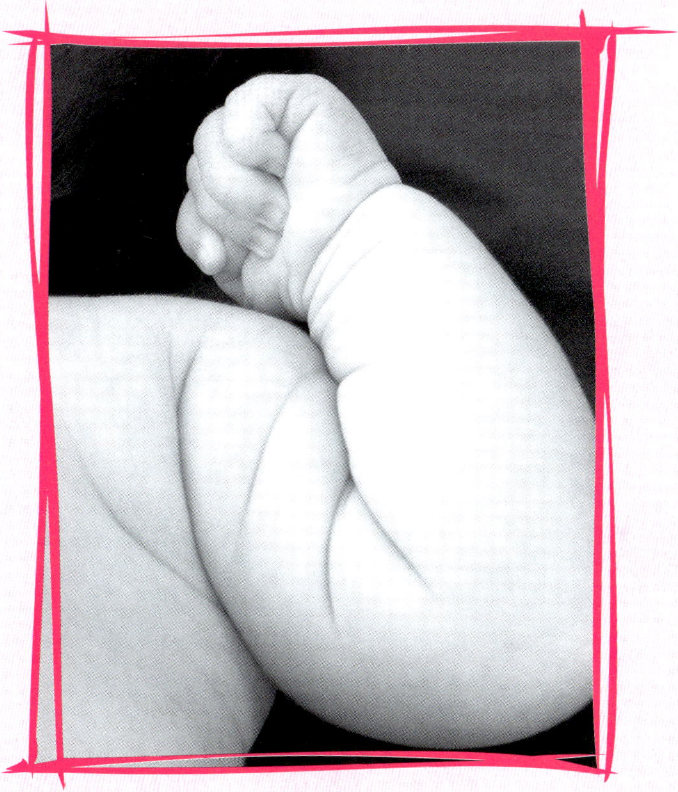

SOMA

em cada **gesto singelo** e cotidiano
um jeito de fazer com que eu
me sinta **cada dia** mais **FORTE**.

Como retribuir o **RISO LARGO** e **afetuoso** a me ensinar a descobrir a **ALEGRIA DE VIVER** nas primeiras **cantigas** e **brincadeiras**?

Seu **jeito único** ao soletrar comigo
as primeiras palavras
e a habilidade que você tinha
para **ME TRADUZIR** como ninguém.

Sua **sabedoria** ao me ensinar a **rezar**

e a descobrir na **oração** o **ALÍVIO**

para minhas **AFLIÇÕES.**

Que outros braços serão
tão **GENEROSOS** quanto aqueles
a me **INCENTIVAR** a
engatinhar, andar, correr?

E, é claro, sem
desviar o **OLHAR**
um **só instante!**

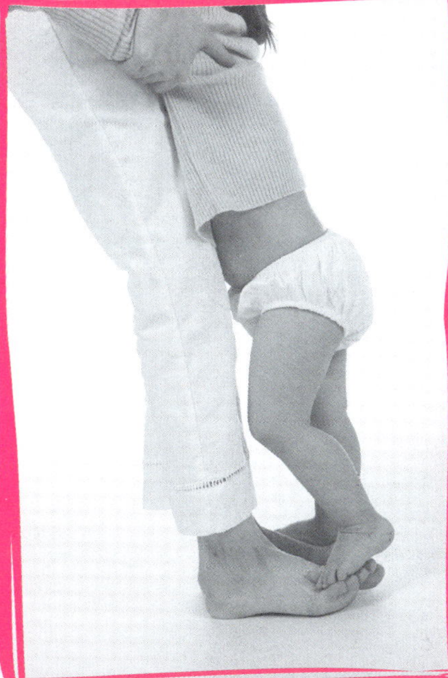

Quem mais, **Mãe**, vai me
tirar para dançar fora de hora, fazendo
EXPLODIR EM ALEGRIA
as tardes comuns ou os dias
cinzentos e tristes?

Realizar meus

PEQUENOS DESEJOS

reinventando receitas:

A lasanha sem queijo.

O macarrão sem molho.

O tomate sem semente.

O bolinho de chuva sem canela.

Que outra pessoa vai encontrar **beleza**

nos meus **ERROS**,

corrigindo tudo com **TERNURA,**

sem **jamais me diminuir?**

Quem, além de você, saberá
o **momento exato** de dizer ***não*** para
me **PROTEGER** de mim mesmo?

Só você, **Mãe,** tem a **capacidade** de ser

DURA e **DOCE**

ao mesmo tempo!

Único **ser** capaz de

ALIVIAR qualquer

dor **sem remédio!**

Mas **aos poucos** eu **CRESCI,**

Mãe, ainda que para você eu continue

sendo a mesma **CRIANÇA.**

Por que será que **os filhos**

NUNCA CRESCEM

aos olhos das **mães?**

Tive de **atender ao chamado**

do **MUNDO LÁ FORA,**

enfrentar o ambiente

desconhecido e tantas vezes hostil da vida.

Ainda bem que percebi logo

o **seu poder** de estar ao

MEU LADO mesmo

quando **estava longe** fisicamente!

Sua capacidade de **OUVIR**
no meu **SILÊNCIO** tudo
que eu **não** conseguiria
dizer mesmo aos **gritos.**

Sua **INTUIÇÃO** para
adivinhar num olhar aflições
e inseguranças, encontrando
sempre a **frase certa** para **dissipá-las.**

Às vezes acho que **você sabe** mais de mim do que eu, conhece meus **SEGREDOS** mais íntimos e até **VERDADES** que eu ainda vou descobrir **sobre mim.**

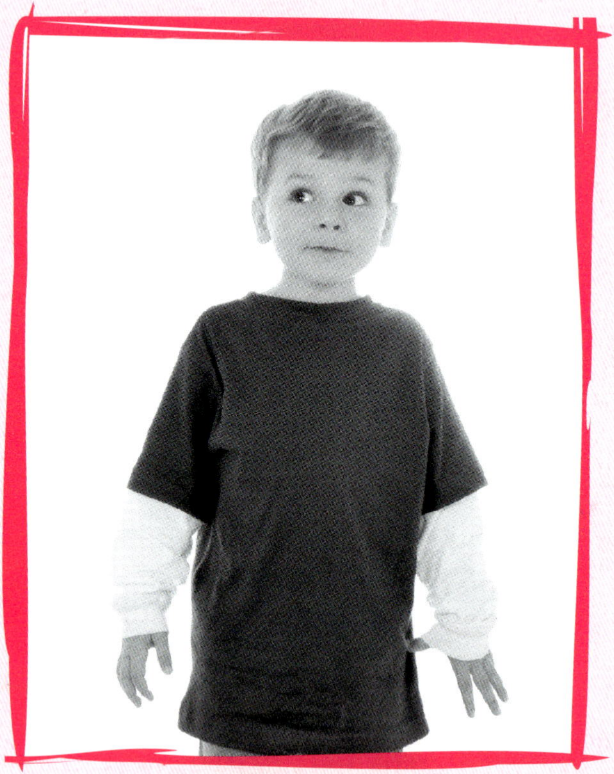

Não há **segredo** que resista ao

OLHAR PROFUNDO

de uma **mãe!**

Sei que algumas
vezes te deixei
PREOCUPADA.

Mas **você** soube **SUPORTAR**
com **AMOR** meus arroubos
de impensada arrogância juvenil.

Queria **pedir desculpas** por isso.

DESCULPA,

DESCULPA,

DESCULPA.

Nos **momentos** que eu
achava que **você** estava mais
ERRADA era freqüentemente
quando mais você **tinha RAZÃO**!

Quanta **sabedoria** em
cada **FALA SIMPLES**
que eu **nem sempre** soube **reconhecer!**

Se soubesse o
quanto havia de **TOLO**
nas **minhas** mal-criações...

Eu teria te **ABRAÇADO** mais, **pedido desculpas** outras vezes, ouvido com **mais atenção** os seus **CONSELHOS**.

Mas **sua capacidade** de

PERDOAR sempre foi **maior**.

Foi assim que **aprendi muito**

do que sou, **Mãe.** Olhando e imitando seu

JEITO EXEMPLAR

de estar no **mundo.**

Você me **ENSINOU** tudo
o que **eu precisava** saber,
me ensinou a ser quem eu sou.

Porque além de **me nutrir**,

amparar e **cuidar**,

você **educou** MINHA ALMA.

Você **PLANTOU** no meu **CORAÇÃO** tudo que eu precisava para **Ser**...

PUREZA para enxergar os
pequenos **MILAGRES**
diários da **vida.**

CALMA para **SABOREAR**
os **momentos mágicos** e **doces**
sem esvaziá-los de todo.

CORAGEM para **SUPORTAR**
as **pequenas** e **grandes**
dores do mundo.

DISCIPLINA para **BUSCAR**
meus objetivos **sem perder** o rumo.

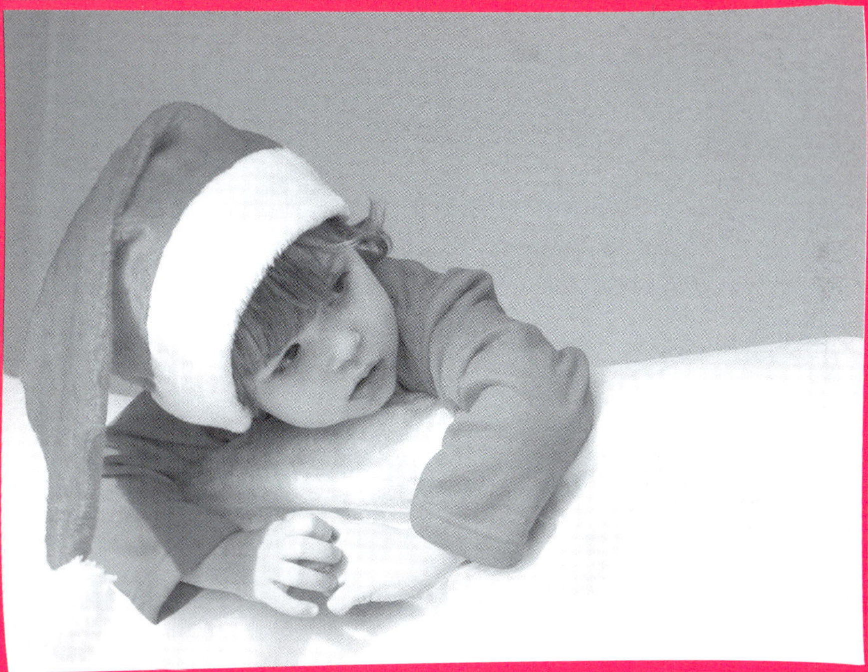

PACIÊNCIA para não
me **DEBATER** em vão contra
a vontade do tempo.

DESENVOLTURA para
DANÇAR
sem muitos tropeços os
diversos ritmos que a **vida toca.**

GENEROSIDADE para **REPARTIR** com os outros o pouco ou o muito que a **existência** me deu.

INTELIGÊNCIA para **APRENDER** a ler o que não **está escrito**.

PERSEVERANÇA
para **SUPERAR**
os **obstáculos** tão comuns
em **qualquer caminho**.

PRUDÊNCIA para fazer as **ESCOLHAS CERTAS** nos **momentos** críticos.

COMPAIXÃO para me
IRMANAR com os outros
quando a vida estiver difícil para eles.

HUMILDADE para **RESPEITAR** meus **limites** e **pedir ajuda** nos momentos difíceis da **vida**.

FÉ para **ACREDITAR** que,
se eu fizer o meu possível,
DEUS fará o **impossível** por mim.

BOM HUMOR para
entender que a **menor**
distância entre duas pessoas é
o **SORRISO.**

SIMPLICIDADE para
ENCONTRAR a **beleza** nos lugares
mais inesperados.

CRIATIVIDADE

para **ALCANÇAR**

uma **felicidade** possível.

JUSTIÇA para respeitar a **IGUALDADE** e a **DIFERENÇA** que tornam a vida **tão extraordinária.**

GRATIDÃO para
MERECER sempre
as melhores **dádivas** do universo.

AMOR GENUÍNO a mim
e aos outros para saber amar
e ser **amado sempre.**

SABEDORIA para ser
adulto sem **jamais deixar**
de **ser** **CRIANÇA.**

Mas o **TEMPO** passou, **Mãe,**

no *devagar depressa do tempo*...

Eu queria telefonar mais vezes,
aparecer de **SURPRESA**
na sua casa no meio da semana,
voltar para o seu **COLO de vez** em quando...

Mas, acredite, mesmo de **LONGE**

e com a correria do **dia-a-dia**,

você está sempre **JUNTO** de mim.

Somos **PARTE** um
do outro, **Mãe**.

Não há **tempo** ou **espaço**
que desfaça esse **VÍNCULO.**

Embora não **EXPRESSE** o **AMOR**
que sinto por **você**
sempre que **tenho** vontade...

Queria te dizer:

"Estava aqui **no meio** de umas **palavras**,

e **LEMBREI** de você".

Eu sou a **HISTÓRIA** que
você escreveu na imensa
narrativa da **EXISTÊNCIA.**

Você também pode fazer parte desta história.
Esta página é sua!
Escolha uma foto com sua mãe que represente
um momento importante para vocês e cole aqui.

Os autores

Anderson Cavalcante é administrador de empresas, escritor e um filho que busca praticar no dia-a-dia as mensagens expressas aqui.

Simone Paulino é jornalista, escritora, mestranda em Teoria Literária e Literatura Comparada e mãe de Gabriel (8) e Manuela (2).

Outros livros do AUTOR

Mais de **155 mil** exemplares vendidos

As Coisas Boas da Vida

Tomar banho de mangueira num dia ensolarado.
Dormir até mais tarde do lado de quem a gente ama, sem se preocupar com o horário.
Chegar em casa no fim do dia e tomar aquele banho bem demorado!
Você tem aproveitado as coisas boas da vida?
Este livro nos faz lembrar das coisas boas que deixamos de fazer e nem sabemos o porquê.
Pequenos prazeres que nos dão o ânimo necessário para enfrentar os desafios diários. Gestos que podem mudar todo o significado de uma vida.

Mais de **35 mil** exemplares vendidos

Viva as Coisas Essenciais da Vida

Matar as saudades do colo da mãe, passar uma tarde gostosa com o pai, transformar cada dia em uma ocasião especial. Quem não deseja viver momentos como esses, que se eternizam na lembrança? Não deixe para depois. Em meio à correria do cotidiano, você pode reservar um tempinho para o que é essencial em sua vida.

Outros livros do AUTOR

Mais de **38 mil** exemplares vendidos

Meu pai, meu herói

Pai: exemplo de valor e retidão.
Ensinamento, espelho, esperança.
Semente boa plantada em nós lá na infância.
Que germina pela vida afora,
estruturando o ser e o não ser.

Como falar sobre esse amor?
Se amor de filho para pai às vezes é calado, contido?
Dizer é amor apenas, talvez baste.
Amor genuíno, em sua máxima expressão.

Pai: anjo protetor, guardião das boas atitudes.
Ah, a vontade de ser o que ele é!
Mesmo que às avessas.
Que assim seja.

Meu pai, meu herói

Palavras de carinho
para agradecer aquele
que sempre será o mais
querido professor
das maiores lições de vida.

contato com autor: www.andersoncavalcante.com.br

minhamae@editoragente.com.br

Este livro foi impresso pela Arvato do Brasil Gráfica em papel couché 115g.